Teitlau yn y gyfres:

Coblynnod! A'r wrach

Dim Ond Sioe

Het Ben-blwydd y Frenhines

Pwsi Meri Tew

Y Bws Gwely Bync

Y Ci Bach Unig

Y Ci Robot

Ysgol y Môr-Ladron: Ble mae'r Ci 'Na?

Ysgol y Môr-Ladron: Y Parti Pen-blwydd

Ysgol y Môr-Ladron: Dim Ond Chwa o Wynt

Frank Rodgers

Y Ci Robot

Trosiad gan Catrin Hughes

DREF WEN

Cyhoeddwyd gyntaf yn Saesneg yn 2001
gan Penguin Books Cyf. 80 Strand, Llundain WC2R 0RL
dan y teitl *The Robodog*.

Cyhoeddwyd yn Gymraeg 2009
gan Wasg y Dref Wen,
28 Ffordd yr Eglwys, Yr Eglwys Newydd,
Caerdydd CF14 2EA, Ffôn 029 20617860.

Noddwyd gan Lywodraeth Cynulliad Cymru.

Argraffwyd yn Singapore.

Roedd Gareth a Siwan yn edrych allan drwy'r ffenest.

"O, na!" gwaeddodd Gareth. "Mae Dad newydd roi mwythau i'r ci drws nesaf!"

"Glou, rho rywbeth dros y jig-so!" bloeddiodd Siwan wrth i dad y ddau ddod i mewn.

Roedd yn rhy hwyr.

"T-t-t-tisiw!"

Roedd tisian Dad fel ffrwydrad, ac yn sydyn roedd darnau jig-so yn hedfan i bobman.

"Dad!" cwynodd Gareth. "Pam roist ti mwythau i Llew? Rwyt ti'n gwybod bod alergedd gyda ti at gŵn."

Ochneidiodd ei dad a sychu'i drwyn. "Dw i'n gwybod," meddai. "Ond dw i'n hoffi cŵn."

"A ninnau hefyd," meddai Siwan.

"Ond allwn ni ddim cael un rhag ofn i ti disian a chwalu'r tŷ'n ddarnau."

“Mae’n ddrwg gen i,” meddai Dad. “Am fore,” ochneidiodd.

“Dw i newydd fod yng ngorsaf yr heddlu. Fe gollais fy waled ac fe es i weld a oedd rhywun wedi dod o hyd iddi. Ond, dim lwc.”

Neidiodd pawb a throi i gyfeiriad y sŵn.

Roedd colofn o fwg gwyrdd yn codi o sied yr ardd.

"O weithdy Mam y daeth y sŵn yna!" gwaeddodd Siwan. "Mae'n well i ni fynd i weld beth sydd wedi digwydd."

Rhuthrodd pawb allan o'r gegin a rhedeg tuag at y sied …

… wrth i Mam roi ei phen allan, a'i gwallt yn mygu ychydig.

"Dw i wedi'i orffen e," meddai hi'n falch.

"Gorffen beth?" gofynnodd Dad.

"O, ddwedais i ddim wrthoch chi?" meddai Mam. "Dw i wedi bod yn gweithio ar robot."

"Robot?" ebychodd Gareth. "Pa fath o robot?"

Gwenodd Mam. "Ci," meddai.

"Ci robot!" meddai Siwan a Gareth gyda'i gilydd.

"Cywir!" meddai Mam. "Sglod yw ei enw. Dewch i mewn i ddweud helô."

Yng nghanol y llawr safai'r ci robot. Roedd wedi'i wneud o ddarnau o fetel a phlastig. Roedd ganddo golfachau'n glustiau a brws dannedd yn gynffon. Edrychodd Sglod arnyn nhw a gwnaeth ei gynffon sŵn clic, clic, clic tawel wrth siglo.

WFF!

cyfarthodd â sŵn gwichlyd fel tun yn clecian.

Chwarddodd Gareth a Siwan, wrth eu boddau.

“Mae e’n wych, Mam!” gwaeddodd Siwan.

“Yn hollol wych!” cytunodd Gareth.

Symudodd trwyn Dad a dyma fe’n tynnu hances allan.

“T-t-t-t-t-” dechreuodd disian, yna stopiodd ac agor ei lygaid.

“Ci robot,” meddai gan wenu.

“Mae’n edrych yn debyg nad oes gen i alergedd i’r math yma o gi!”

Siglodd cynffon Sglod yn gyflymach …

Penliniodd Gareth a Siwan a rhoi mwythau iddo.

"Mae e mor annwyl!" dywedodd Siwan.

“Mae e wir yn cŵl!” cytunodd Gareth. “Mam, rwyt ti mor glyfar. Mae ganddon ni gi o’r diwedd!”

Rhedodd ei law dros gefn y ci robot. “Helô, Sglod,” meddai.

Safodd Sglod ar ei goesau ôl ac agor ei geg.

"H-h-h-h-helô," meddai.

Bu Gareth a Siwan bron â syrthio i lawr mewn syndod.

“Fe ddwedodd e helô!” gwichiodd

Siwan. Edrychodd ar ei mam, wrth ei bodd. “Ydy hynny’n golygu bod Sglod yn gallu siarad?”

Gwenodd Mam a nodio.

“Mae ymennydd cyfrifiadur Sglod wedi’i raglennu’n arbennig,” meddai. “Felly mae e’n gallu dysgu pethau newydd, yn union fel chi.”

“Ac mae e hefyd!” gwaeddodd Siwan. “Mae e newydd ddysgu sut i ddweud helô!”

“Waw!” meddai Gareth, gan roi mwythau i ben y ci robot.

“Dwed rywbeth arall, Sglod.”

WFF!

cyfarthodd Sglod
a chwarddodd
pawb.

“Dw i ddim yn credu y bydd e’n siarad drwy’r amser,” meddai Mam. “Rhaid i chi gofio mai wedi cael ei raglennu i fod yn gi mae e, ... er ei fod e’n gallu gwneud pethau dyw cŵn eraill ddim yn gallu eu gwneud.”

Cerddodd Sglod heibio iddyn nhw ac allan i'r ardd. Gwyliodd Mam ef yn bryderus i weld beth fyddai'n ei wneud.

Drwy ei sgrin fideo wych, edrychodd y ci robot o'i gwmpas ar y tŷ, y coed a'r blodau.

Yn sydyn sylwodd ar ei gynffon.

"Bow-wow!" cyfarthodd a cheisio'i dal.

Dyma Sglod yn troi rownd a rownd …

yn gynt a chynt nes ei bod yn anodd ei weld e.

"Waw! Os aiff e'n gyflymach, fe fydd e'n codi i'r awyr," meddai Siwan.

Yn sydyn arhosodd Sglod a ffroeni'r awyr â'i synwyryddion siwpyr-sniff gwych.

Roedd Cochen, cath drws nesaf, yn ei wylio o dan lwyn.

"Ssssss," hisiodd Cochen, gan fflachio'i chrafangau a cheisio codi ofn ar Sglod.

WFF!WFF!WFF!WFF!

cyfarthodd Sglod a llamu ymlaen yn ddewr.

RAAWWWWW!

udodd Cochen mewn syndod a neidio dros ffens yr ardd.

Arhosodd Sglod a gwenu. Dyna hwyl oedd bod yn gi!

Roedd Mam wrth ei bodd. "Mae e'n gweithio'n berffaith!" meddai.

Gwenodd Dad. "Ydy … efallai bod Sglod yn siarad fel person weithiau … ond mae'n ymddwyn fel ci, yn sicr!"

"Dydych chi ddim yn galw'r peth yna'n gi, ydych chi?" meddai llais ffroenuchel.

Edrychodd pawb i fyny i weld Mr a Mrs Morris, y bobl drws nesaf, yn syllu dros y ffens.

Roedd Mrs Morris yn dal Cochen yn ei breichiau ac roedd Mr Morris yn rhoi mwythau i Llew, y ci Afghan.

"Wrth gwrs mai ci yw e!" meddai Mam.

Gwenodd Mr Morris yn gam. "Na, hwn yw'r ci go iawn," ymffrostiodd. "Edrychwch ar ei flew hir, meddal. Gwych! Edrychwch ar eich ci chi. Does dim blewyn i'w weld. Ha ha!"

Edrychodd Mam yn gas ar Mr Morris a rhoddodd Siwan a Gareth mwythau i Sglod i'w amddiffyn.

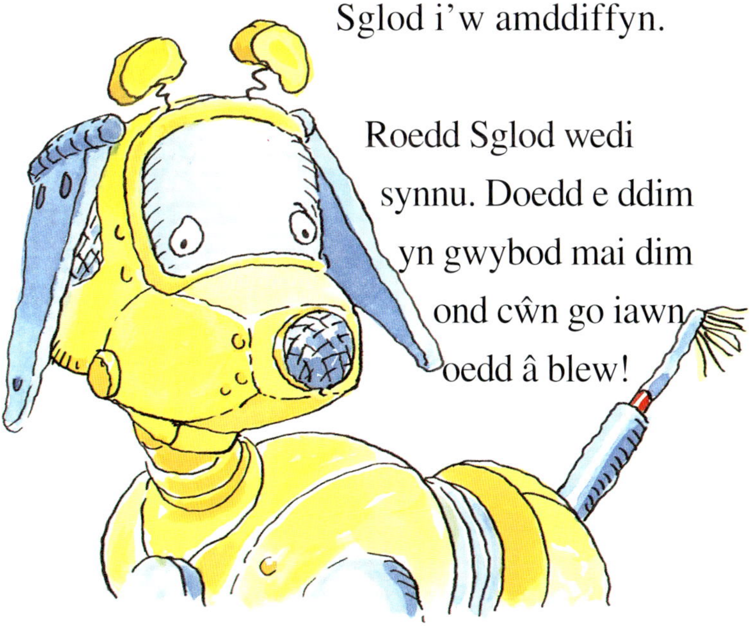

Roedd Sglod wedi synnu. Doedd e ddim yn gwybod mai dim ond cŵn go iawn oedd â blew!

Â'i drwyn yn yr awyr, daeth Llew i mewn i'r ardd a cherdded fel brenin tuag atyn nhw.

"T-t-t-" dechreuodd Dad disian. Rhuthrodd i'r tŷ gan ddal hances wrth ei drwyn.

"Helô, Llew," meddai Siwan a Gareth, gan roi mwythau i'r ci mawr.

“On’d wyt ti’n hyfryd?” meddai Siwan o dan ei hanadl. “Mae côt hyfryd gyda ti.”

Agorodd Llew ei geg yn flinedig. Roedd e wedi clywed hyn i gyd o’r blaen.

“Ie’n wir. Am gi hyfryd yw e!” meddai Gareth, gan redeg ei law ar hyd ei gefn.

“Ie wir!” cytunodd Siwan.

"Yn hollol," gwawdiodd Mr Morris. "Ci go iawn. Nid fel y peth 'na sydd gyda chi. Nid ci yw hwnna – tun ar goesau yw e!"

Dyma fe a'i wraig yn chwerthin nerth eu pennau.

"Dere, Llew," galwodd Mrs Morris. "Mae'n bryd i ti fynd i'r Parlwr Harddwch i Gŵn."

I ffwrdd â Mr a Mrs Morris, a phlygodd Sglod ei ben yn isel. Doedd e ddim yn hoffi cael ei alw'n dun ar goesau. Hoffai gael blew a chael ei alw'n gi go iawn.

"Fel yna mae'r Morrisiaid bob amser, Sglod," meddai Siwan wrth i Mam fynd i'r tŷ, yn wyllt gacwn. "Anwybydda nhw."

"Dere, fe awn ni am dro!"

Ond syllu ar y llawr wnaeth Sglod.

"Efallai y byddai e'n hoffi chwarae," meddai Gareth, a nôl ei bêl-droed.

Ond troi ei ben wnaeth y ci robot.

Doedd e ddim yn teimlo awydd mynd am dro na chwarae. Roedd e'n meddwl tybed ble gallai e gael blew.

Petai'n gallu cael blew, yna byddai Gareth a Siwan yn dweud, "Am gi hyfryd yw e!"

Rhoddodd Siwan gynnig arall arni.

“Sglod ... cer i’w nôl e!” gwaeddodd a thaflu brigyn.

Symudodd y ci robot ddim.

“Beth sy’n bod, Sglod?” gofynnodd Siwan. “Wyt ti’n iawn?”

Gwgodd Gareth. “Efallai nad yw e’n gwybod beth i’w wneud ...

Fel hyn, Sglod,” meddai a nôl y brigyn ei hunan.

Ond roedd Sglod yn dal i wrthod symud.

“Gad i ni fynd ag e i’r tŷ,” meddai Siwan. “Efallai ei fod e’n teimlo’n oer allan fan hyn.”

Aethon nhw i'r lolfa lle roedd Dad yn gwylio ffilm dditectif.

Edrychodd y ci robot ar y sgrin a chodi'i glustiau.

Roedd lleidr yn chwifio pren mawr. "Gollyngwch e! Yr heddlu sy 'ma!" gwaeddodd y ddau dditectif.

“Edrych, mae Sglod yn hoffi’r teledu!” meddai Gareth, a gwenodd Siwan wrth weld bod y ci robot yn gwylio’r ffilm.

“Gollyngwch e!” gwaeddodd y ddau dditectif eto.

“Yr heddlu sy ’ma!”

Eisteddodd Gareth a Siwan i wylio'r ffilm, ond roedd mwy o ddiddordeb gan Sglod yn yr hyn oedd i'w weld ar y stryd.

Roedd Mr Morris yn mynd â Llew i'r Parlwr Harddwch i Gŵn.

Yn dawel bach, sleifiodd Sglod allan o'r tŷ a dilyn Mr Morris a Llew. Roedd e eisiau gwybod sut cafodd Llew ei flew hir hyfryd.

Efallai ei fod wedi'i brynu yn y Parlwr Harddwch?

Gwyliodd Sglod wrth i Mr Morris adael Llew yn y Parlwr Harddwch.

Aeth yn araf bach at y ffenest, edrych i mewn a syllu mewn rhyfeddod.

Doedd y bobl yn y siop ddim yn rhoi rhagor o flew i Llew … roedden nhw'n torri darnau oddi ar y blew oedd ganddo'n barod!

Roedd Sglod wedi drysu. Beth oedd yn digwydd?

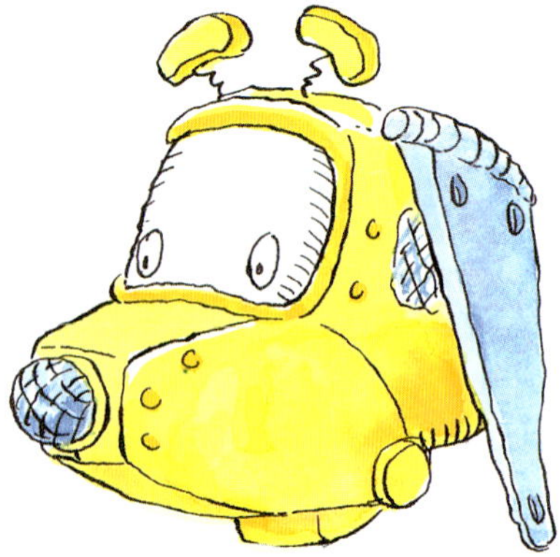

Efallai bod rhai cŵn oedd â llawer o flew yn rhoi peth ohono i gŵn heb flew.

Ie, dyna oedd yn digwydd, mae'n rhaid!

Dyma fy nghyfle, meddyliodd Sglod. Byddai'n mynd i mewn i'r siop a nôl blew iddo'i hunan. Wedyn, pan oedd yn flewog fel Llew, byddai Gareth a Siwan yn dweud, "Am gi hyfryd yw e!"

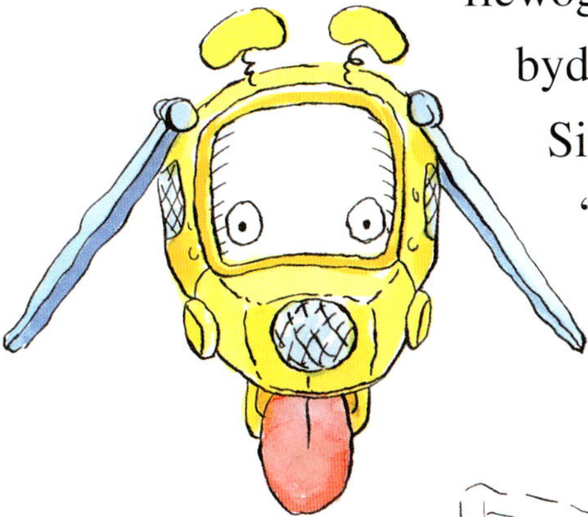

Gwthiodd y drws ar agor a mynd i mewn.

Roedd un o fenywod y siop yn sefyll a'i chefn tuag ato.

Safodd Sglod ar ei goesau ôl.

"Helô," meddai yn ei lais gwichlyd.

Trodd menyw'r siop o gwmpas a chael sioc.

"Aaaa!" llefodd. "Rhywbeth o'r gofod yw e!"

Dyma hi'n chwistrellu'r ci robot â'i chan o chwistrell gwallt. "Cer, yr hen beth o'r gofod!" gwaeddodd.

"Cer 'nôl i dy blaned dy hunan!"

Dyma'r fenyw arall yn troi ei sychwr gwallt ar y ci robot.

"Chei di ddim fy ngorfodi i i fynd ar dy soser hedfan di!" bloeddiodd.

Dyma'r gwynt o'r sychwr gwallt yn chwythu cwmwl mawr o flew Llew dros Sglod.

Gludiodd y blew yno oherwydd y chwistrell gwallt, ac yn sydyn ...

... roedd y
ci robot
yn flewog!

Agorodd Llew ei
lygaid mewn
syndod. O ble
roedd y ci rhyfedd
yr olwg wedi dod?

Gwelodd Sglod ei hunan yn y drych a gwenu.

Nawr roedd e'n siŵr y byddai Gareth a Siwan yn dweud, "Am gi hyfryd yw e!"

Aeth allan o'r Parlwr Harddwch ac i ffwrdd ag ef i lawr y stryd.

Ar y gornel dyma fe'n aros, edrych o'i gwmpas a ffroeni'r awyr. Roedd wedi clywed arogl cyfarwydd. Yr arogl oedd yn perthyn i dad Gareth a Siwan …

… ond doedd dim sôn amdano yn unman.

Yna gwelodd Sglod o ble roedd yr arogl yn dod.

Roedd waled ar y palmant heb fod ymhell i ffwrdd, a gwyddai'r ci robot ar unwaith – mae'n rhaid mai waled tad Siwan a Gareth oedd hi.

Roedd ar fin mynd i'w nôl hi pan ddaeth dau fachgen i'r golwg.

Cododd un ohonyn nhw'r waled a'i hagor.

"Edrych!" meddai'n falch. "Arian!"

"Yr un sy'n cael, sy'n cadw!" gwaeddodd ei ffrind.

"Rwyt ti'n iawn," meddai'r bachgen cyntaf a dechreuodd y ddau gerdded i ffwrdd.

Yn sydyn, bloeddiodd llais dwfn.

"Gollyngwch e! Yr heddlu sy 'ma!"

Safodd y ddau fachgen yn stond ac edrych o'u cwmpas yn wyllt.

Y cyfan y gallen nhw ei weld oedd ci bach blewog, doniol.

Yn sydyn agorodd y ci bach blewog ei geg.

"Gollyngwch e!" meddai eto. "Yr heddlu sy 'ma!"

"Help!" meddai'r bachgen â'r waled. "Ci heddlu sy'n gallu siarad yw e! Rhed!"

Gollyngodd y waled ac i ffwrdd â'r ddau fachgen nerth eu traed.

Rhedodd Sglod draw at y waled, ei chodi yn ei geg a throi am adref.

Yn y cyfamser, roedd Siwan a Gareth yn chwilio amdano.

"Pam y rhedodd Sglod i ffwrdd, tybed?" meddai Gareth wrth iddyn nhw frysio yn eu blaenau.

"Dim clem," atebodd Siwan. "Gobeithio y gallwn ni ddod o hyd iddo fe, dyna i gyd."

Gwelodd Sglod nhw'n dod ac aros. Roedd e'n siŵr y byddai Gareth a Siwan yn ei hoffi'n llawer mwy nawr, ac yntau'n edrych yn debyg i Llew. Ond dim ond rhedeg yn syth ymlaen wnaeth Gareth a Siwan.

"Dyna gi rhyfedd yr olwg," meddai Gareth wrth iddyn nhw fynd heibio.

"Ci blewog iawn," meddai Siwan.

Plygodd pen Sglod.

Nawr roedd e'n siŵr doedd Siwan a Gareth ddim yn ei garu.

Cerddodd yn araf 'nôl i'r tŷ a mynd i mewn i'r lolfa.

Roedd Dad yn dal i wylio'r teledu.

Edrychodd Sglod i fyny ato.

Edrychodd Dad i lawr ar Sglod a chael sioc.

"Ci pwy wyt ti?" gofynnodd.

"T-t-t-t-tiSHWWW!" tisiodd, gan chwythu'r blew oddi ar wyneb y ci robot.

Agorodd llygaid Dad led y pen. "Sglod yw e!" gwaeddodd wrth i Mam ddod i mewn.

"Rwyt ti wedi dod 'nôl!" meddai hi mewn rhyfeddod. "Gwych!"

Edrychodd Dad ar y blew oedd dros gorff Sglod i gyd.

"Ond pam mae e mor f-f-fle-flew-

haaATISHWW!

tisiodd eto a chwythu gweddill y blew oddi ar Sglod.

Yr eiliad honno rhedodd Siwan a Gareth i mewn.

“O Sglod, ble rwyt ti wedi bod?” llefodd Siwan, a rhoi cwtsh fawr iddo.

“A pham redaist ti i ffwrdd?” gofynnodd Gareth, gan roi mwythau iddo.

Gwenodd Mam a chodi peth o’r blew oddi ar y carped.

“Blew Llew yw’r rhain, dw i bron yn siŵr,” meddai hi. “Mae hi’n edrych fel petai Sglod wedi bod yn y Parlwr Harddwch hefyd. Dw i’n meddwl ei fod e eisiau bod fel Llew ac edrych fel ci go iawn.”

Rhoddodd Siwan gwtsh arall i Sglod.

“Does dim rhaid i ti fod fel Llew,” meddai hi. “Rwyt ti’n berffaith fel rwyt ti!”

“Rwyt ti’n wych,” meddai Gareth. “A’n ci ni wyt ti!”

“Does dim rhaid i ti fod yn flewog i fod yn gi go iawn, ti’n gwybod,” meddai Dad.

“Yn bersonol, dw i wrth fy modd nad oes blew arnat ti!”

Roedd Sglod ar ben ei ddigon. Roedd e'n hoffi bod yn gi i'r teulu hwn.

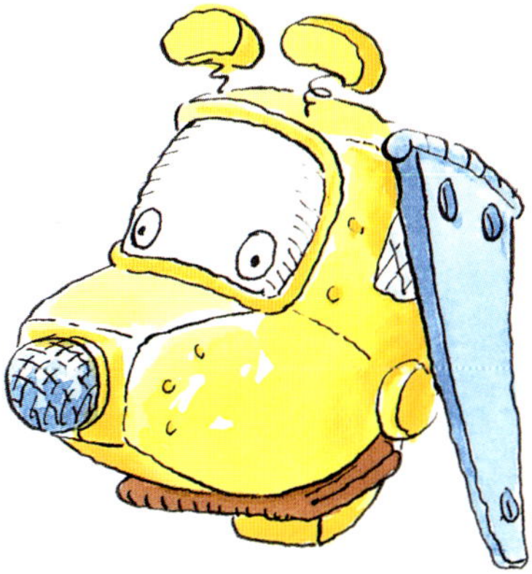

Yn sydyn sylwodd Gareth fod Sglod yn dal rhywbeth yn ei geg.

"Beth sydd gyda ti fan 'na, Sglod?" gofynnodd.

“Bow-wow!” cyfarthodd Sglod a syrthiodd y waled o’i geg.

“Edrych ar hyn!” llefodd Dad, gan ei chodi. “Mae Sglod wedi dod o hyd i’r waled gollais i!”

Rhoddodd mwythau i’r ci robot a gwenu o glust i glust. “Am gi hyfryd yw e!” meddai.

“Am gi! Aros tan i mi ddweud wrth y Morrisiaid pa mor glyfar yw e.”

Chwarddodd Mam, Gareth a Siwan a rhoi mwythau i Sglod hefyd.

"Am gi hyfryd yw e!" meddai pawb yn hapus.

Gwenodd y ci robot yn falch a sefyll ar ei goesau ôl.

"Helô," meddai.